# LETTRE

## A M. LE MARQUIS DE ***

### SUR

## LES PEINTURES ET SCULPTURES

### DE L'ACADÉMIE DE S. LUC,

### EXPOSÉES A L'HÔTEL DE JABAC.

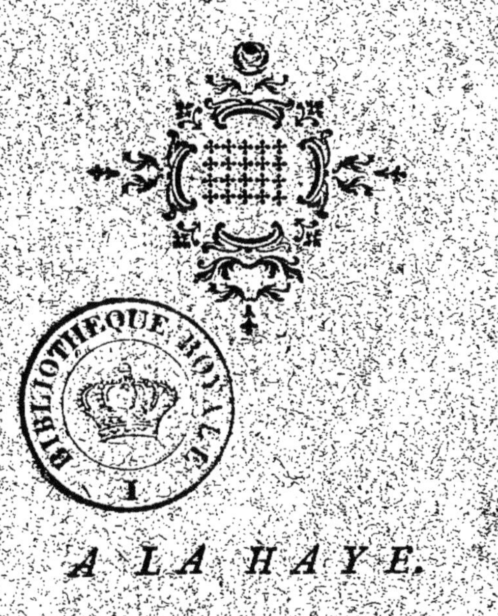

## A LA HAYE.

1774.

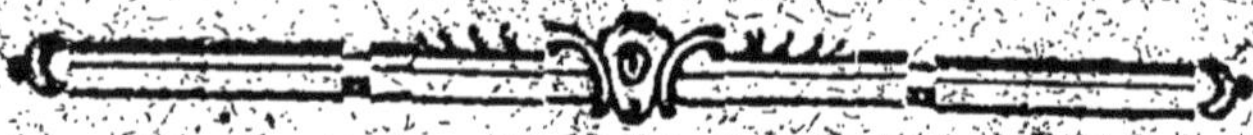

# LETTRE

*A M. le Marquis de ******,
Protecteur de l'Académie de
Peinture & de Sculpture de la
Ville de *** ; par M. J***,
Membre de cette Académie.*

## M.

Vous avez eu la bonté de me per-
mettre de vous écrire, j'en profite pour
vous témoigner ma reconnoissance.
C'est à vos conseils & aux soins que
vous prenez d'encourager les Arts,
dans notre Ville, que je dois quelques
foibles talens. C'est d'après vos avis
que je suis venu à la source, acquérir
de nouvelles connoissances, & méri-
ter, s'il m'est possible, par mes progrès, le titre de votre protégé. J'ose
espérer que vous voudrez bien m'ho-
norer encore de vos conseils, pour la
marche que je dois tenir, & me per-
mettre de vous rendre compte du peu
de succès que vous avez bien voulu

A ij

me faire espérer. En arrivant à Paris, mon premier soin a été de chercher à me procurer la connoissance de tous ceux qui excellent dans les Arts. L'accès m'en a été plus facile que je n'avois osé l'espérer. Tous les fameux Artistes se font un plaisir de recevoir & d'aider de leurs conseils, ceux qui cherchent à les imiter. La seule permission d'admirer leurs ouvrages, est une excellente leçon, peut-être trop décourageante, par la difficulté que l'on voit d'atteindre à ce point de perfection, si ces mêmes Artistes n'avoient en même tems la bonté d'encourager ceux qui courent cette carriere ; bien loin que la juste admiration du public les rende plus vains ; ils cherchent au contraire à se rapprocher de ceux dont les talens ne commencent encore qu'à naître, en leur disant les peines qu'ils ont eues pour en acquérir un supérieur. On ne voit point ici les Artistes par une basse jalousie, refuser leurs avis à ceux dans lesquels ils découvrent assez de dispositions, pour devenir un jour leurs concurrens ; au contraire ils mettent toute leur gloire à en former d'assez habiles pour leur disputer les éloges des connoisseurs. Je n'entreprendrai point de vous dire mon sentiment sur toutes les beautés que que j'ai remarquées dans leurs ouvrages. Les connoissances & le goût que vous avez pour les Arts, vous ont mieux mis à portée d'en juger dans tous les voyages que vous avez faits. Mais comme vous ne pourrez point voir l'exposition des tableaux de l'Académie de Saint-Luc, j'hasarderai de vous donner une légere idée du talent de chaque Membre.

Cette Académie étant composée en grande partie d'Artistes qui commencent leur carriere, on admire moins encore leurs talens présens, que ceux qu'ils font espérer.

Cette exposition sera, sûrement, d'une très-grande utilité pour le progrès des Arts. La plûpart de ceux qui commencent, voyant de trop loin l'espérance d'être de l'Académie Royale, & d'attirer les regards du public, n'étoient pas échauffés par l'émulation : mais à présent à peine commenceront-ils à manier le crayon, qu'ils penseront à concourir : d'abord l'espérance de n'être pas le dernier, ensuite celle de se distinguer, enfin de surpasser les autres, animera leurs études, & les

foutiendra contre l'ennui & les diffi-
cultés qui accompagnent tous les com-
mencemens, de là se formeront des
hommes du premier mérite. Il faut au
travail de l'Artiste, un prix plus flat-
teur que le salaire dû aux travaux des
mains ; sans quoi il languiroit dans
une molle indolence. L'approbation
d'un connoisseur flatte & encourage
mille fois plus un jeune Artiste, que
tout l'argent qu'on pourroit lui prodi-
guer.

Il est à l'Académie Royale plusieurs
Peintres très-estimés, qui ont été
Membres de celle de Saint Luc. Si ces
expositions eussent été plus fréquentes,
je ne doute pas qu'il n'y en eût davantage.

Je ne vous promets point de vous
dire mon sentiment sur tous les ouvrages, n'ayant eu nulle envie de vous
en faire une critique. Je ne me suis
arrêté que sur ceux qui m'ont paru mé-
riter quelque attention. Les beautés,
les défauts, frappent également : le
médiocre s'oublie.

Dans l'intention de mettre un peu
d'ordre dans mes remarques, je sui-
vrai celui du livre, & je passerai sur
le nom de ceux dont les ouvrages ne

m'auront pas assez frappé, pour être présens à ma mémoire.

Deux amateurs Architectes ont exposé à cette Académie. M. Dumont y a mis six dessins d'Architecture d'une grande netteté. Quant à M. Viel, comme il s'est écarté de son genre, il n'est pas étonnant qu'il ait donné du très-médiocre. Un Architecte n'est pas obligé de savoir faire un portrait : on l'auroit peut-être admiré, s'il eût exposé des ouvrages relatifs à son talent.

M. Dumesnil Peintre, n'est plus dans l'âge de la force & de la vigueur; mais cet Artiste a eu du talent; il mérite d'ailleurs l'estime & l'approbation du public, par les soins qu'il se donne pour former & instruire les Éleves de cette Académie; il est d'un excellent conseil.

M. Eisen est un des plus agréables Peintres de ce genre. Il a plusieurs tableaux d'un très-joli goût. J'ai ramarqué avec plaisir, l'aurore semant des fleurs, & chassant les ombres de la nuit; & sur-tout Diane & Endimion. Ses tableaux sont d'un très-bon effet : sa couleur est brillante, & son dessin séduisant; le triomphe de Cybelle & les forges de Vulcain, représentés par

des enfans , font d'une couleur vi-
goureufe ; mais la compofition fur-
chargée , & fa Cybelle peu agréable.
Ses deffins font bons en général ,
mais ils manquent d'effet.

M. Lefevre n'ayant mis qu'une copie , on ne peut juger de fon mérite.
Tel qui a du talent quand il fuit fa
marche , eft fouvent un médiocre co-
pifte.

On efpéroit davantage du talent de
M. Lenoir : il femble s'être rallenti
pour cette expofition. Ayant voulu
mettre des portraits connus , il n'a
peut-être pas choifi ce qu'il a fait de
mieux. Ce ne font pas ordinairement
ceux que l'on peut étudier le plus. La
fanté très-délicate de ce Peintre , le
rend fouvent froid. Il n'eft pourtant
pas fans mérite : il eft bon deffinateur.
Son portrait eft un des meilleurs : l'effet de la lumiere en eft bien entendu.
Le corps bien pofé , bien deffiné ;
mais il a négligé fes mains. Celui de
Madame Veftris eft froid : la tête
manque d'effet & de caractere : les
mains font deffinées mollement.

Celui de M. Lekain eft très-reffemblant ; mais fans expreffion ni cou-

leur. Il est quelques autres portraits du même Peintre , dans lesquels on trouve de très-bonnes choses ; des draperies bien faites , & qui laissent bien sentir le nud.

M. Leduc a mis plusieurs tableaux d'histoire. Leur grandeur empêche de ne les pas remarquer. Celui de Loth & de ses filles , m'a paru manquer de l'expression nécessaire au sujet. Le dessin en est lourd , de même que dans celui qui représente une femme sortant du bain. Les jambes sur-tout sont monstrueuses. Son Saint-André est celui qui m'a paru le mieux ; mais il y a beaucoup de dureté.

L'enfant montrant la curiosité , par M. Nicolet , a beaucoup de vérité dans la couleur & dans l'attitude ; peut-être est - il d'un dessin un peu mou ; mais ce tableau a une naïveté qui plaît. Son portrait a beaucoup de caractere ; il est bien dessiné , les méplats sont bien sentis : il a de très-belles choses , mais il est d'un ton noir. Il y a long-tems qu'il est fait , & sans doute la couleur a beaucoup changé. Dans ses autres ouvrages , j'ai remarqué avec un vrai plaisir , la tête d'une jeune demoi-selle pleine de sentiment , d'une belle

touche, & d'une jolie couleur, quoiqu'un peu violette.

M. Davesne emporte tous les suf-
frages par la vérité de ses portraits. Il
joint à ce mérite celui d'un deſſin cor-
rect, & beaucoup d'effet. Il n'en eſt
point dans leſquels on ne trouve des
beautés, quoiqu'il ſoit moins agréable
pour les femmes que pour les hommes;
après les avoir tous vus, je ſuis revenu
avec un vrai plaiſir, à ceux de M. le
Comte de Latour d'Auvergne & de
M. Adanſon. La couleur du premier
eſt vigoureuſe, il a un caractere mâle;
l'autre d'une couleur moins chaude,
porte le caractere ſérieux & réfléchi,
& eſt d'une grande vérité: il eſt exempt
des touches ſeches qu'ont quelques-
uns de ſes portraits en paſtel. On re-
marque principalement ce défaut dans
celui de M. Pujos, à travers des beautés réelles, la tête & l'attitude ont tout
l'eſprit de ce deſſinateur. Ce portrait
eſt d'une grande vérité, d'un excellent
effet: mais la maniére en eſt ſèche:
les touches dures & noires; malgré ces
défauts, il eſt très-bon, il ſeroit ſu-
périeur, s'ils n'y étoient pas. On ne
pourroit refuſer à cet Artiſte un talent
réel, quand on le regarderoit comme

arrivé à son but. Vous jugez des éloges qu'il mérite, lorsqu'on espere le lui voir porter encore plus loin.

Madame Saint-Aubin a plusieurs bons Tableaux, tant en sujets qu'en paysages, dans le genre de Wateau; cependant en général ils manquent d'effet & de couleur. L'Ecole de Zeuxis est tres-bien composée : ses Figures bien desfinées. On ne peut point lui faire les mêmes reproches qu'aux autres, quant à l'effet ; mais la couleur en est noire. Il me paroît que ce tableau est ancien, il a surement changé. On trouve une grande naïveté dans celui qui représente une jeune Dame, faisant réciter la leçon à son fils, sur-tout dans l'enfant ; mais il est sans lumiere & sans couleur. L'effet du tremblement de terre de Lisbonne est bon. Ses figures peignent bien l'effroi. Il y a beaucoup de sentiment, mais peu d'effet.

Par M. le Bel, le Désordre d'une guinguette, dont les figures sont joliment grouppés, mais il est foible de ton & d'effet.

M. Barbier a une belle maniere de faire. Ses paysages sont froids, ses sujets du nouveau testament manquent d'effet, tout est sur le même plan ;

mais cela est touché avec une facilité & un goût qui ne sont qu'à lui.

Des ouvrages de M. Glain qui sont en très-petit nombre, le portrait de Madame son Épouse est celui qui m'a fait le plus de plaisir. Elle est vue par le dos, tenant son portrait, qui alors la représente en face. Il y a beaucoup de vérité, de naïveté dans ce tableau ; mais peu d'agrément. Celui de Mademoiselle Vigée, par Madame Glain, a de très jolis tons : de la vérité, l'attitude est dessinée mollement, & il manque un peu d'effet : on regrette que cette Dame n'ait mis que ce portrait. On fait cas de son talent, & le Public eût été plus à porté de lui rendre justice, si elle eût exposé plusieurs ouvrages.

M. Moreau a de très-jolis paysages, d'une jolie touche, beaucoup de goût, de sentiment, pas assez de feu, surtout dans celui qui représente un orage, il est bon ; mais froid.

M. Malliée a plusieurs miniatures à la maniere éludorique. Cette maniere n'a d'autre mérite, que d'être adoucie. Il a dans ce genre un très-joli paysage, d'après Berghem, il est d'une bonne couleur & d'un bon effet.

M. Darmancourt a quelques miniatures d'une fort belle touche. On
voit qu'il a beaucoup copié M. Greufe ;
il a fur-tout une tête de femme qui eft
charmante, de beaucoup de détail &
d'une maniere large. En général le ton
violet y domine un peu trop.

M. Bornet eft auffi un des meilleurs
Peintres en miniature de cette Académie. Le portrait de Madame de Vou-
gny a des chofes charmantes. Il eft
affez bien compofé, quoiqu'il y ait
de la roideur dans fon attitude, & que
le caractere de la tête ne foit pas auffi
intéreffant qu'il devroit l'être. Celle du
fils eft pleine d'ame ; l'attitude a beaucoup de foupleffe : il y a beaucoup de
légereté de ton. Le portrait de Madame fon Époufe eft on ne peut mieux,
fait d'une maniere large & d'une très-
bonne reffemblance ; ce mérite en eft
un réel, fur-tout en miniature.

Le plan des Ville, Château & Parc
de Verfailles, par M. Mirogolio eft
très-bien fait & d'une grande netteté ;
c'eft un morceau eftimable par le mérite de la cuiffon, chofe très-difficile,
vu fa grandeur.

Le charmant Deffinateur M. Pujos, a très-grand nombre de portraits

à la pierre noire, qui sont parfaits dans
ce genre. Il est impossible de mettre
plus de finesse dans l'expression & dans
la touche ; ils sont très-finis sans au-
cune sécheresse, dessinés avec goût &
précision ; ses ressemblances sont frap-
pantes ; il n'excelle pas autant dans ses
miniatures ; elles sont un peu dures ;
le dessin moins coulant ; la couleur n'en
est pas agréable, il faut pourtant distinguer la souricière & l'égrugeoir
dans le genre de Greuse. Ces deux sujets ont des choses charmantes, ainsi
que la tête d'une jeune fille du même
genre. Ces trois morceaux sont d'une
grande naïveté & d'une jolie touche.

M. Prud'homme montre beaucoup
de talent dans plusieurs tableaux de dif-
férent genre. Son repos de la Sainte-
Famille, dans le genre & imitation
du Bourdon, est bien disposé, bien
éclairé. Ce tableau est sage, tranquille ;
la couleur en est fraîche ; il est sûrement le meilleur de tous ceux qu'il a
exposés, quoique les autres ne soient
pas sans mérite : il est plus foible dans
ses paysages.

M. Sauvage est unique pour son
genre ; il trompe l'œil & imite également bien le marbre & le bronze ;

son tableau de la mort de Germanicus est son chef-d'œuvre, & c'est d'autant plus en faire l'éloge, que tous les autres sont bons.

Le portrait de M. Bouché en médaillon, par M. Prevôt l'aîné, est d'une bonne ordonnance, d'une belle couleur ; mais il manque de justesse & de nature.

Le portrait de M. Vander-Woort par M. Gambs, a du très-bon, quoiqu'un peu lourdement fait. Dans ses autres miniatures, je n'ai remarqué qu'une copie d'après Régaut, qui est très bien.

M. Lallié a très-peu d'ouvrages ; mais ce peu n'est pas sans mérite. Le portrait de M. le Comte de la Tour-d'Auvergne, ne vaut pourtant pas à beaucoup près celui du même par M. Davesne. Celui d'une Dame tenant une tourterelle est très-joli, quoique manquant de couleur : l'attitude naturelle, le dessin agréable & l'intérêt qu'il a mis dans la tête en font un joli portrait.

Mademoiselle Navarre a plusieurs portraits en pastel d'un naturel & d'une simplicité qui plaît : on reconnoît dans ses ouvrages un Éleve de M. de la Tour. Ils sont bien dessinés, d'une couleur vraie ; on n'y défire qu'un peu plus d'effet. Ses ombres font grifes & foibles ; les lumieres trop refferrées, fes têtes en général ne font pas affez dégradées. Elle en a une d'enfant, à laquelle on ne peut faire aucun de ces reproches : les lumieres en font larges, les ombres plus vigoureufes ; elle fait beaucoup d'effet & furpaffe les autres. Ses miniatures tombent dans le même défaut de fes paftels ; mais il y a de la légereté & beaucoup de variété de ton , fur-tout dans une tête de jeune perfonne , qui eft de la plus grande vérité. J'ajouterai à cela, qu'en voyant fes tableaux , on peut juger exactement de fon talent , fes ouvrages étant d'elle feule : chofe rare pour une Demoifelle.

Mademoifelle Vigée a un grand nombre de portraits compofés avec goût & avec feu ; ils font en général beaucoup d'effet ; on voit qu'elle a une bonne route & qu'elle eft très-bien conduite. Ses portraits de femme font un peu manierés. Le portrait en bufte de Madame de * * * , dont l'habillement eft charmant, eft d'un ton plus brillant & féduifant que vrai ; celui de M. Dumefnil , très-reffemblant , est d'une couleur vigoureuse. Dans celui d'un M. jouant de la lyre, elle retombe dans le rose & le blanc ; mais l'habillement en est bien fait. Dans un autre buste d'homme, elle soutient encore une couleur chaude. Sa poësie & sa musique, & sur-tout sa peinture sont noires, le dessin dur & les draperies lourdes ; on voit que cette Demoiselle remplie du désir de parvenir, consulte & cherche à imiter plusieurs habiles Maîtres. Ses tableaux se ressentent & retombent tour à tour dans la maniere de celui qui l'a conseillée. Les justes éloges que l'on fait de son talent, doivent l'encourager à profiter de ses dispositions, pour en acquérir encore plus, & pour prendre une maniere à elle.

M.lle Bocquet a beaucoup de Portraits d'une très-belle manière, dans lesquels on distingue particulièrement celui de Madame sa mère ; la tête bien dessinée, pleine de vie, est de la plus grande ressemblance ; l'habillement est touché d'une manière large & fait un excellent effet : le portrait de M. Eisen est encore très-bien, d'une bonne ressemblance ; mais je lui préfere celui d'un Abbé dont la main est appuyée sur son fau-

teuil : l'attitude en eſt très-ſimple, mais
bien rendue , & la tête d'une grande
vérité. Ses portraits, ſurtout ceux des
femmes, ont un peu de dureté dans le
deſſin & la couleur. Tous les ouvrages
de cette demoiſelle ſont d'une même
manière ; on lui fait ſuivre une route
dont elle ne s'écarte pas. Le nombre
d'avis eſt utile : celui des leçons eſt
dangereux ; il eſt différens chemins
pour arriver au même but ; mais à les
ſuivre tous , on s'égare , on ſe perd :
écouter la critique de tous les Artiſtes,
& ne ſuivre la manière que d'un ſeul,
eſt la marche qu'elle a priſe , & avec
laquelle elle parviendra ſûrement à
remplir l'idée que tout le monde a de
ſes talens.

Les payſages de M. Creſpin ſont d'une
touche très-hardie, d'une belle couleur,
de belle maſſe, mais un peu de dureté.

M. Rabillon a pluſieurs portraits qui
ont du mérite , particulièrement en
paſtel ; ceux à l'huile ſont en général,
d'une couleur noire, d'une touche dure, & manquent d'harmonie. Le portrait de Madame la Comteſſe de Boul-
bon n'eſt pas d'une compoſition heu-
reuſe ; ſon fond d'architecture eſt ſans
goût , & il y a de la roideur dans le

deſſin : il n'eſt point tombé dans ce
défaut dans le portrait d'un Monſieur
tenant un violon. Il a beaucoup de vérité & le meilleur effet ; il n'eſt qu'un
peu dur. On ne peut faire aucun de ces
reproches à ſes paſtels, ils ſont d'un
très-bon genre : ils ont beaucoup d'ac-
cord & de vigueur, ſurtout la tête d'un
Abbé qui eſt de la plus grande vérité :
le deſſin en eſt ferme, ſans dureté. Celui de Monſieur & de Madame Colot
eſt touché un peu mollement ; mais il
y a deux têtes d'enfant qui ſont charmantes : malgré ſes défauts, on ne peut
refuſer à M. Rabillon beaucoup de talent & des diſpoſitions pour en acquérir davantage. Il a une modeſtie qui lui
fait craindre les louanges, & écouter
tous les avis des connoiſſeurs. En les lui
donnant, on eſt ſûr de l'obliger ; mais
on ne peut ſe refuſer à y joindre les
juſtes éloges que ſon talent mérite.

M. le Peintre a deux fort jolis tableaux : un ſavoyard faiſant voir la cu-
rioſité, & le concert eſpagnol, quoique
ce dernier ſoit un peu lourd.

M. Prevoſt le jeune a quelques tableaux de fleurs & de fruits à la goua-
che qui ſont très-bien, d'une couleur
très-vigoureuſe pour ce genre, & faits

avec le plus grand foin : on voudroit y voir plus de nature.

M. Dégault eſt meilleur dans ſes bas-reliefs que dans ſes miniatures. Ceux imitant l'agathe onyx ſont très-jolis, ſes deſſins foibles, mais corrects.

Les tableaux d'architecture de M. Coſte ſont du meilleur effet & très-bien compoſés ; il a du feu, une touche libre : la perſpective y eſt parfaitement dans le deſſin & dans la couleur. On eſpère aſſez de ſon talent pour croire qu'il égalera un jour les fameux Maîtres qu'il a cherché à imiter. On peut l'appeler déjà un petit Machi.

Mademoiſelle Labile, épouſe de M. Guiard, a expoſé très-peu de portraits ; mais ce peu eſt d'une touche très-hardie & d'une couleur vraie : les plans en ſont bien ſentis, les lumières larges & bien dégradées : il n'y a ni contour ni touche dure. On voit que ſon but eſt de mettre tout l'effet dans ſes lumières. Ce parti eſt le plus agréable, mais n'eſt pas le meilleur. Elle ſacrifie trop ſes ombres, ce qui ôte de la vigueur ſurtout à ſes têtes d'homme. Elle réuſſit mieux dans les femmes : ſes cheveux & ſes habillemens ſont touchés avec eſprit & goût : ſes fonds ſont trop vagues ; ils man-

quent de corps & de vigueur, ce qui
nuit à l'effet de ſes portraits. Elle a évité
ce défaut dans le ſien ; auſſi la tête reſ-
ſort-elle beaucoup plus : elle eſt tou-
chée avec fineſſe & très-reſſemblante.
Les ouvrages de cette Dame annon-
cent qu'elle fera encore beaucoup de
progrès. Ils ont de la vérité & de l'agrément. Elle a une liberté, une facilité
qui prouvent qu'elle ne ſuit que ſa marche & n'eſt guidée par perſonne. Dans
ſa miniature il y a une belle manière
de faire, agréable & de beaucoup d'effet. On regrette qu'elle ſoit ſeule.

## SCULPTURE.

Le portrait de M. Dupont par M.
Vander Woort, eſt d'une grande vérité. Il porte ce caractère qui annonce
l'exactitude de la reſſemblance. L'attitude en eſt ſimple, mais naturelle.

M. Cauvert a pluſieurs bas - reliefs
d'ornemens qui ont beaucoup de mérite, quoiqu'un peu lourds de compoſition. Les eſtampes d'après ſes ouvrages par Mademoiſelle Liottier la jeune,
ont une grande préciſion & ſont faites
avec beaucoup de ſoin & d'exactitude.

M. Attiret a une tête de Philosophe qui m'a fait le plus grand plaisir : ses muscles sont exprimés avec force, sans dureté, & elle a un très-beau caractère. La tête d'une jeune fille en a un voluptueux qui feroit désirer plus de mollesse dans ses formes : les méplats sont sentis un peu durement.

M. Frenex est exact : il y a du moëlleux dans ses bustes : il n'est que trop froid. Le portrait de M. l'Abbé de B*** a plus de feu & annonce une grande ressemblance. On ne peut douter de celle de M. de Sartine.

M. Merard a exposé le portrait de M. Moreau qui est de la plus grande ressemblance.

Le portrait de M. Fournier par luimême est un peu lourd, mais vrai & exact pour la ressemblance. Il ne s'est pas portrait dans un mouvement noble, & pour donner l'air pittoresque, il s'est approché du Mascaron.

M. Sigisbert, Michel, a des choses charmantes tant en figures qu'en vases, du goût le plus noble & le plus élégant. Ils sont riches sans être surchargés d'ornemens. Dans ses figures qui sont toutes remplies de grâces, on distingue particulièrement l'espérance qui nourrit l'amour ; idée rendue très-ingénieu-

fement. La figure en eſt ſvelte : l'amour
a tout l'intérêt poſſible. Ce petit morceau eſt charmant : l'amour qui échauffe
un trait ( idée très-ingénieuſe auſſi ) a
beaucoup d'expreſſion ; ſa figure eſt bien
ſentie , bien poſée ; mais en voulant y
donner le poli du marbre , il a affoibli,
énervé les formes & ôté une partie des
fineſſes. La Veſtale Claudia eſt une
belle figure , quand on ignore le ſujet
qu'il a voulu rendre : elle a de belles
formes , eſt drapée noblement ; mais
elle n'a nulle action. Le portrait du
Roi de Pruſſe a beaucoup de feu & de
nature : il eſt très beau en tout.

Le projet d'une boîte de pendule par
M. Hauré , eſt très - ingénieux , com-
poſé hardiment & avec élégance. Ses
figures ſont légères & moëlleuſes. Ce
morceau eſt rempli de grâces. Sa tête de
vieillard a de belles choſes , mais des
duretés , un peu de meſquin dans les
formes.

M. de Jouy a des pierres gravées qui
ont un vrai mérite. Ce genre eſt extrê-
mement difficile : cet Artiſte y excelle.
Le portrait d'Henri IV eſt celui qui m'a
fait le plus de plaiſir.

M. Feuillet , en voulant imiter le
ſtyle de l'antiquité & donner de la ſim-
plicité à ſes draperies, eſt un peu tombé

dans le mesquin. Elles ne font point de
masse, ce qui donne un caractère pau-
vre à ses ouvrages, qui malgré cela ont
du mérite. Il a un bon plan, sa compo-
sition est heureuse & il a du naturel.

Voilà, Monsieur, toutes les remarques que mes foibles connoissances
m'ont permis de faire ; je désire qu'elles vous satisfassent. Je me suis appli-
qué à ne pas oublier les meilleurs morceaux de chaque Artiste. Je vous en ai
dit les beautés & les défauts, pour vous
donner une idée plus juste de leur talent. Mon jugement peut être faux ;
mais il est impartial. En général, on a
trouvé plus de belles choses qu'on n'en
espéroit dans cette exposition. Tous les
Artistes semblent reprendre vigueur ;
& le public accueillit plus que jamais
les talens. On fait que les Beaux Arts
font les enfans de la gaieté & du bon-
heur : que ne doit-on pas espérer de
leurs progrès sous les auspices heureux
du jeune Monarque qui les encourage,
en consacrant les premiers momens de
son regne à la félicité de ses sujets.


Je suis avec respect,


Monsieur, &c.

de
nc
o-
es
ll-
ai
is
an
is
is
le
se
de
nc
o-